HOHER HIMMEL
WEITER BLICK

Hallig Hooge

Ingo Lau

HOHER HIMMEL
WEITER BLICK

Ein Westküsten-Panorama

BOYENS

Die Sommeridylle in den kleinen Küstenhäfen,
Krabben vom Kutter, Fischbrötchen am Strand
und ein Hauch von Seemannsromantik
sind nur eine Seite der Medaille:
Die hohen Deiche sind die andere Seite,
sie sind ständige Mahnung,
wie real doch die Gefahr des Meeres ist.

Die eigentliche Festland-Küstenlinie zwischen dänischer Grenze und Elbmündung ist durch Deiche befestigt. Ausnahmen in der Deichlinie: Schobüll und in St. Peter-Ording, hier liegen auf 800 Metern an Stelle des Deiches Dünen. Die Außendeiche sind nach 1962 alle verstärkt und erhöht worden, so dass heute mit über acht Metern Scheitelhöhe auf einem Fuß von rund 100 Metern Grenzen der Befestigung erreicht sind, da der Untergrund in Nordfriesland instabil ist.

An vielen Stellen auf der Küstenlinie ist die Deichschräge, die zur See hin sanft abfällt, gleichzeitig der grüne Strand, so in Dagebüll, in der Husumer Bucht, in Vollerwiek, Büsum oder Friedrichskoog. Anders ist es dagegen in St. Peter-Ording, auf der Spitze der Nordseehalbinsel Eiderstedt. Hier spielt sich das Badeleben auf Sandbänken ab, die ein bis zwei Kilometer vor dem Deich liegen. Büsum hat neben kilometerweitem, begrüntem Deich auch einen künstlich aufgespülten und durch eine Außendeichlinie geschützten Sandstrand, die Familienlagune in der Perlebucht.
Ansonsten sind die natürlichen Sandstrände auf den Nordseeinseln zu finden, vornehmlich an den seewärtsliegenden Flanken von Sylt und Amrum sowie der legendäre Südstrand auf Föhr.
Als Fährhafen zu den Inseln und Halligen ist Dagebüll, mit einigem Abstand auch Schlüttsiel, weithin bekannt. Richtige Hafenromantik finden die Besucher jedoch in Husum, wo der Binnenhafen mitten in der Stadt liegt, sowie in Büsum, wo die größte Krabbenkutterflotte an der schleswig-holsteinischen

Stürmische Stunden auf Nordstrand

Westerhever Leuchtturm

Nordseeküste zu finden ist. Der ebenfalls überaus romantische Hafen von Tönning in der Eidermündung, vor der Kulisse alter Packhäuser gelegen, hat seine großen Zeiten wohl hinter sich, bietet als Ausflugsambiente aber immer noch schöne Reize.

Moderne Schleusenanlagen aus jüngster Zeit finden sich im Meldorfer Hafen sowie am Eidersperrwerk. Dieses für die deutsche Küste einmalige Küstenschutzbauwerk führt quer durch das Eiderdelt a, so dass der Flusslauf von den unterschiedlichen Tideständen unabhängig geworden ist. Zehn riesige, in Doppelreihen angeordnete Stahltore regulieren den Wasserdurchlauf auf einer Breite von 200 Metern. Der Schiffsverkehr zur und aus der Eider verkehrt durch eine Schleusenanlage an der Nordseite, die den Autotunnel kreuzt, so dass die Ampel bei Schiffsverkehr auf Rot steht.

Fußgänger und Radfahrer können das Eidersperrwerk in luftiger Höhe passieren, von hier aus genießt man einen der schönsten Blicke auf das Watt bzw. bei Flut auf die offene See. Auch Seehunde lassen sich hier oft sehen.

Reetdachhaus an der Störmündung

Nächste Doppelseite:
Honigflether Schöpfmühle

Glückstadt an der Elbe

Nächste Doppelseite:
Elbe bei Glückstadt

Elbe bei Brunsbüttel

Ausblick auf den Nord-Ostsee-Kanal von der Grünentaler Hochbrücke

Nord-Ostsee-Kanal bei Nacht

Nord-Ostsee-Kanal bei Burg

Eisenbahnbrücke bei Hochdonn

Nächste Doppelseite:
Abendliches Lichtspiel bei Friedrichskoog

Fährhaus in Delve-Schwienhusen

Mühle Edda in Sankt Michaelisdonn

Industrie-Romantik in Brunsbüttel

Wasserturm in Heide bei Nacht

Rapsfeld am Dithmarscher Deich

SC57

Krabbenkutter auf dem Trockendock im Büsumer Hafen

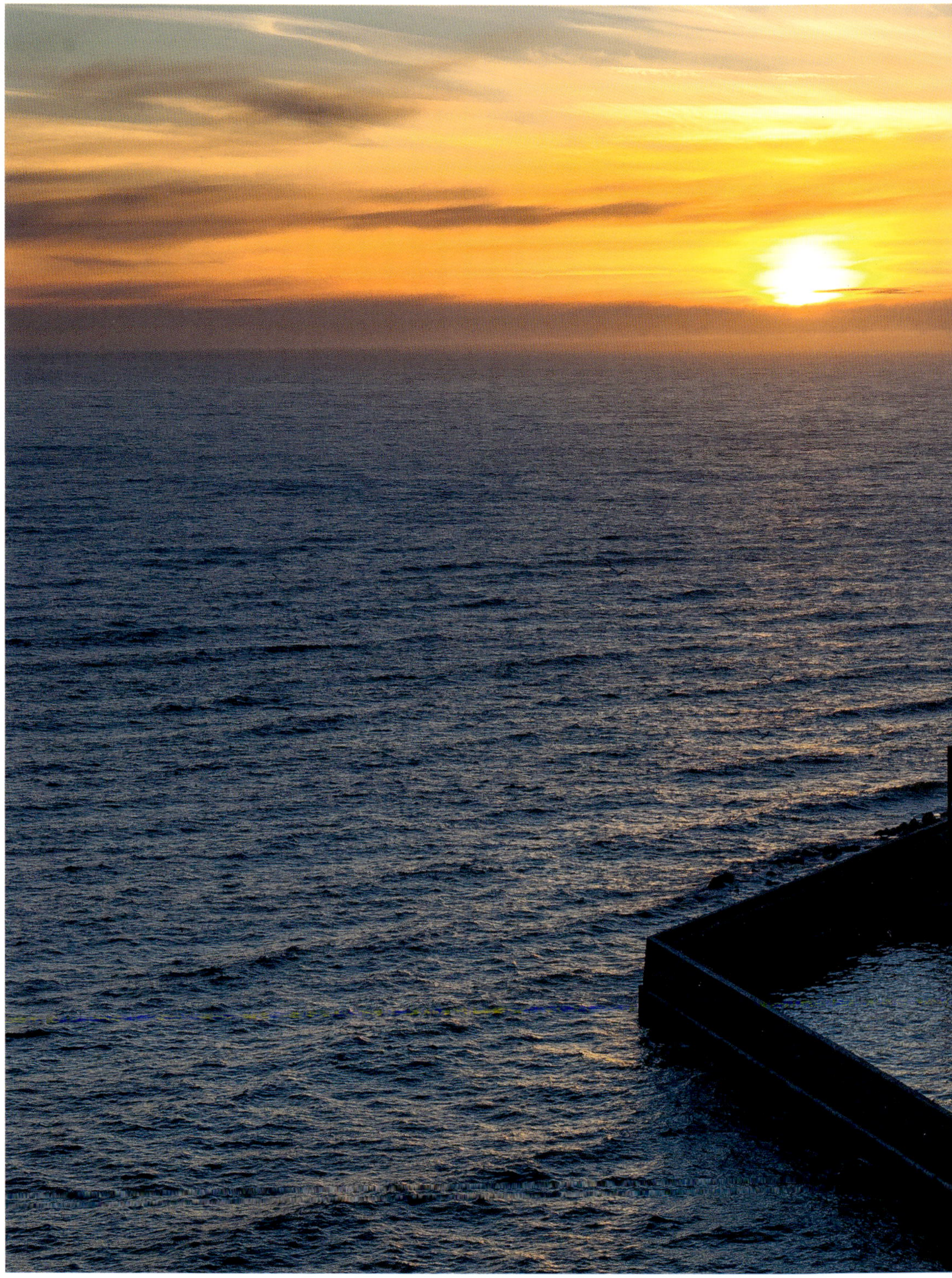

Lange Anna in der Abendsonne

Nächste Dopelseite:
Im Unwetter vor Helgoland

Eine eigenartige Welt
zwischen Land und Wasser ist das Wattenmeer,
das innerhalb eines Tages bei Ebbe zweimal leerläuft
und mit der Flut zweimal überspült wird,
Rastplatz und Nahrungsreservoire für Zugvögel,
beliebtes Ausflugsziel für Nordseeurlauber.

Das Wattenmeer ist eine eigenartig-zwiespältige Landschaft, zweimal innerhalb eines Tages überspült, zweimal trockengefallen. Die Mondkraft steuert Ebbe und Flut und verändert die Entfernung zwischen Flutsaum und Küstenlinie permanent – mal liegen kilometerweite Watten dazwischen, dann wieder nagt das auflaufende Wasser am Deich. In diesem amphibischen Zwischenreich sieht man die Vielfalt erst bei genauerem Hinsehen: die Salzwiesen, die Quellerpflanzen, die unterschiedlichen Wattenzonen, die man durchquert, nämlich Schlick-, Misch- und Sandwatt und schließlich die Muschel- und Sandbänke.

Das Wattenmeer in seiner heutigen Form ist letztlich durch die Sturmflut von 1634 entstanden. Bis zur Sturmflut von 1362 war das heutige Wattenmeer überwiegend Kulturland. Allerdings haben mächtige Meereseinbrüche im hohen Mittelalter die Küste vor Nordfriesland gänzlich verändert. Rungholt ging bei der Sturmflut von 1362 unter. Altnordstrand wurde ein Opfer der Flut von 1634. Übrig blieben (d.h. neu zusammengedeicht) die heutigen Inseln Pellworm und Nordstrand. Nordstrandischmoor überstand als Hochmoor. Spuren von Brunnen, Schleusen oder Häusern findet man bis heute im Watt.

Das Wattenmeer, die größte Naturlandschaft Europas, unterliegt dem in Deutschland höchsten Schutz, seit die Regionen 1985 als Nationalpark ausgewiesen und inzwischen zum Weltnaturerbe erklärt wurden. Die Einmaligkeit dieser Landschaftsformation, die u.a. für Millionen von Zugvögeln die Überlebensbasis bietet, ist an ganz besondere Bedingungen geknüpft: an das Fehlen einer Steilküste, an flaches Hinterland,

Strandkorb in der Büsumer Familienlagune Perlebucht

Tümlauer Bucht

an die Dünenbildung und einen Tidenhub von über 1,50 Meter, an große Flüsse, die Feinmaterial heranführen, sowie an Sandbänke und Inseln, die Schutz gegen das offene Meer bieten. Tidenhub ist die Differenz zwischen Mitteltidehochwasser und Mitteltideniedrigwasser. Sie beträgt bei uns etwa drei Meter. Solche Voraussetzungen bietet die schleswig-holsteinische Nordseeküste: Der Wasserspiegel hebt sich in sechs Stunden um mehr als drei Meter. Gigantische Stromsysteme im Wattenmeer, zu denen die Priele und ihre Nebenarme gehören, bahnen den Wasserfluten den Weg, bis sie selbst zumeist vollkommen vom Meer überspült sind und allenfalls noch als Fahrrinne eine Funktion haben. Hier liegt eine faszinierende Zone zwischen Land und Meer, die einem beständigen Rhythmus unterworfen ist.

Packhaus in Tönning

Tönninger Hafen

Nächste Doppelseite:
Westerhever Leuchtturm

Eiszeit auf Eiderstedt

Pfahlbau im Eis

Einladende Strandkörbe

Hochsaison am Strand von St. Peter-Ording

Nächste Doppelseite:
Brodelnde Nordsee vor St. Peter-Ording

Einmaliger Rückzugsort

Abend am Meere

O Meer im Abendstrahl,
An deiner stillen Flut
Fühl' ich nach langer Qual
Mich wieder fromm und gut.

Das heiße Herz vergisst,
Woran sich's müd' gekämpft,
Und jeder Wehruf ist
Zu Melodie gedämpft.

Kaum dass ein leises Weh
Durchgleitet das Gemüt,
Wie durch die stumme See
Ein weißes Segel zieht!

Alfred Meißner · 1822–1885

Faszinierende Sportarten am Strand von St. Peter-Ording:
Kitesurfen, Surfen und Strandsegeln

G16

Typische Strandszenen vor St. Peter-Ording

Friedrichstadt: Das kleine Holland

Nächste Doppelseite:
Wasserspiegelung in Friedrichstadt

Zauberhafte Gracht in Friedrichstadt

Sommer in Friedrichstadt

Morgennebel in Schwabstedt

Frühe

Im Osten graut's, der Nebel fällt,
Wer weiß, wie bald sich's rühret!
Doch schwer im Schlaf noch ruht die Welt,
Von allem nichts verspüret.
Nur eine frühe Lerche steigt,
Es hat ihr was geträumet
Vom Lichte, wenn noch alles schweigt,
Das kaum die Höhen säumet.

Joseph von Eichendorff · 1788–1857

Haus bei Schobüll

Nordstrand

Nächste Doppelseite:
Sonnenstunden auf Nordstrand

HILDEGARD

RESTAURANT · CAFE
HAFENCAFE · SCHIFFSRESTAURANT
NORDERTOR

Krokusblüte im Schlossgarten vor Husum

Vorherige Doppelseite:
Husumer Hafen bei Nacht

Strucklahnungshörn

Nächste Doppelseite:
Weiter Blick über den Schobüller Steg

Austernfischer vor Lüttmoorsiel

Wie eine Fata Morgana liegen die Halligen
mit ihren Warften im Wattenmeer, insbesondere bei
sehr hellem Licht. Das Leben
auf den Halligen übt einen seltsamen Reiz auf viele Menschen,
vor allem auf Touristen aus.
Grund dafür ist wohl das Wissen um die existentielle
Bedrohung, die tagtäglich
vom unberechenbaren Wasser ausgeht.

Vom Wattenmeer eingefasst und den höheren Fluten immer wieder ausgesetzt sind die zehn Halligen, diese kleinsten, unbedeichten Nordseeinseln: Langeneß, Oland, Gröde, Habel, Norderoog, Süderoog, Nordstrandischmoor, Hamburger Hallig, Südfall und Hooge. Hooge allerdings hat als einzige Hallig seit 1914 einen kleinen Sommerdeich.
Die Halligen sind im Gegensatz zu den Inseln keine Überreste des 1362 von den Fluten zerstörten Landes, sondern Ablagerungen aus jüngster Zeit von etwa einem Meter über dem Mitteltidehochwasser. Damit Haus und Hof, Menschen und Tiere sicher sind, liegen die Anwesen auf Warften. Bei höheren Wasserständen überfluten die Halligen und die Warften schauen aus dem Wasser heraus, man spricht dann von „landunter". Dass dabei immer wieder Land verlorengeht, gehört zu dieser besonderen amphibischen Landschaft. Habel zum Beispiel hat im Laufe von 200 Jahren neun Zehntel seiner Fläche verloren. Steinböschungen sichern hier die Abbruchkante, Lahnungen sollen gegen die Erosion halten wie auch auf anderen Halligen. Bewohner gibt es auf Habel seit 1905 nicht mehr – außer den Vogelwart.
Auf Gröde wohnen immerhin sieben Familien, und auf der Hallig Hooge sind es sogar 125 Einwohner, die auf neun bewohnten Warften ihr Zuhause haben. Als nach der schweren Sturmflut von 1825 auf Hooge 25 Menschen ertranken, wollte der damalige dänische König Friedrich IV. persönlich nach dem Rechten sehen und nahm auf der Hanswarft Quartier, wo das traditionsreiche Friesenzimmer bis heute „Königspesel" heißt und viele Touristen anlockt.

Langeneß

Hallig Hooge

Seit der Flut von 1825, die die Hallig Norderoog weitgehend zerstörte, gibt es auch hier keine festen Bewohner mehr. Nur ein Vogelwart versieht hier in den Sommermonaten seinen Dienst. Auch die Hallig Südfall dient heute einzig als Seevogelschutzgebiet, nachdem 1825 alle Bewohner in den Fluten den Tod gefunden hatten und das Eiland dann nur noch von der Gräfin Diana von Reventlow-Criminil als Besitzerin und Bewohnerin seit 1910 bewirtschaftet worden war. Die Halligen in den nordfriesischen Uthlanden, wie hier das Wattenmeer heißt, sind nach der Sturmflut von 1962 wesentlich gesichert worden, die alten Wohnhäuser wurden zumeist durch neue zweckdienliche Bauten ersetzt. Nur die Natur auf den Halligen scheint an schönen Sommertagen immer noch voller Romantik zu sein.

Versorgungsweg durchs Watt

Hallig Hooge

Meeresstrand

Ans Haff nun fliegt die
Möwe,
Und Dämmrung bricht herein;
Über die feuchten Watten
Spiegelt der Abendschein.

(1. Strophe)

Theodor Storm · 1817–1888

Nächste Doppelseite:
Vorland bei Lüttmoorsiel

Verzauberte Winterlandschaft vor Lüttmoorsiel

Hooger Kühe

Finkhaushalligkoog

Schlüttsiel

Krabbenkutter
vor Schlüttsiel

Sturm …

Sturm!
Über das schwarzblaue Meer,
mit weißen Kämmen,
bäumen sich seine Drachen.
Wie sie sich werfen!
Wütend!
Wasserberge
taumeln, tanzen,
türmen sich in den Himmel,
zerschellen zu Schlünden.
Ich kann mich nicht losreißen
von so viel Schönheit
und Kraft!

Rolf Wolfgang Martens · 1868–1928

Wasserspektakel vor Dagebüll

Die mit Abstand meisten Sonnentage in Schleswig-Holstein verzeichnet die Inselwelt mit den großen Urlaubsinseln Sylt, Föhr und Amrum. Grund dafür ist, dass das erwärmte Meer durch Aufwinde die Wolken über dem Festland hält. Dabei ist statistisch der August der sonnenreichste Monat.

Im nordfriesischen Wattenmeer liegen fünf Inseln: Sylt, Amrum und Föhr mit einem hochgelegenen Geestkern sowie Pellworm und Nordstrand, flach und durch Deiche geschützt. Nordstrand ist durch einen Autodamm mit dem Festland verbunden, Sylt durch den Hindenburgdamm für Eisenbahnzüge. Föhr und Amrum erreicht man fahrplanmäßig mit dem Schiff von Dagebüll, Pellworm von Nordstrand aus.

Sylt gilt als die schlanke „Königin der Nordsee", 40 Kilometer lang von der Nord- bis zur Südspitze und an manchen Stellen nur einen Kilometer breit. Wie Amrum und Föhr gehört Sylt zu den Geestinseln, die Reste des alten „Westlandes" sind, eines sandigen Moränengebietes, das vor der letzten Eiszeit mit der schleswigschen Geest zusammenhing. Bei abfließendem Schmelzwasser und ansteigendem Meeresspiegel blieben die höchsten Stellen als Inseln übrig, über Jahrhunderte durch Sturmfluten gefährdet und im Bestand verkleinert. Auf Sylt ist die ursprüngliche Naturlandschaft bis heute gut erkennbar: zum Meer hin steil abfallende Geesterhebungen, Kliffbildungen und Dünen. Meer und Wind nagen an der Insel, und selbst millionenteure Befestigungsmaßnahmen durch Sandvorspülungen und Steinwälle haben es nicht verhindern können, dass Landmassen bis auf den heutigen Tag unwiederbringlich wegbrachen.
Auch Amrum bietet wie Sylt Dünen- und Heideflächen, der Kniepsand im Westen ist eine beeindruckende Sandzunge, die in das Meer ragt. Der 185 Hektar große Inselwald ist ein Ergebnis zielstrebiger Zivilsation: Er hält den Sand fest, entzieht ihn

Dünenlandschaft auf Amrum

Blick auf Pellworm

den Winden. Gilt Sylt als Nordseeinsel der Reichen und Schönen, so haben Amrum und Föhr den Ruf, Familien mit Kindern und älteren Menschen geruhsame Naturverbundenheit zu bieten.

Föhr ist im Gegensatz zu Sylt und Amrum die grüne Insel, ist doch der gesamte Nordteil reinstes Marschenland, das durch Deiche geschützt wird. Der Süden von Föhr aber ist unbedeicht, dieser Teil ist Geestland und genügend hoch gelegen, hier finden sich auch die Sandstrände. Am bekanntesten ist der weite, schöne Südstrand von Wyk. Er reicht bis hin zum Goting Kliff.

Nächste Doppelseite:
Amrumer Dünen

Sandsturm auf Amrum

Amrumer Dünen

Amrumer Leuchtfeuer

Nächste Doppelseite:
Leuchtturm auf Amrum

Nieblum auf Föhr

Rechts:
Scheinbar schwebender Steg im Abendlicht in Wyk auf Föhr

Nächste Doppelseite:
Nieblum auf Föhr

ACHTUNG
ACHTUNG!

Reetdachhaus
in List auf Sylt

Über die Heide

Über die Heide hallet mein Schritt;
Dumpf aus der Erde wandert es mit.

Herbst ist gekommen, Frühling ist weit –
Gab es denn einmal selige Zeit?

Brauende Nebel geistern umher;
Schwarz ist das Kraut und der Himmel so leer.

(…)

Theodor Storm · 1817–1888

Kliffende in Kampen

Nächste Doppelseite:
Rotes Kliff auf Sylt

24
23
70
42

Quermarkfeuer in Kampen

Lichtblick im Sturm vor Hörnum

Nächste Doppelseite:
Tosende See am Strand von Sylt

Fischerhäuser in Leck

Umschlag: Frühlingserwachen an der Arlauer Schleuse
Vorsatz vorne: Blick auf den Westerhever Leuchtturm
Vorsatz hinten: Kutter am Eidersperrwerk in der Abenddämmerung

BOYENS
BUCHVERLAG

ISBN 978-3-8042-1439-2

Texte: Bernd Rachuth
Bildredaktion: Sylvia Scholz, Anna-Louisa Wolff
Gestaltung: Dörte Kromrei
Herstellung: Boyens Buchverlag
Druck: BELTZ Bad Langensalza GmbH, Bad Langensalza
Printed in Germany